BEI GRIN MACHT SICH IHR WISSEN BEZAHLT

- Wir veröffentlichen Ihre Hausarbeit, Bachelor- und Masterarbeit

- Ihr eigenes eBook und Buch - weltweit in allen wichtigen Shops

- Verdienen Sie an jedem Verkauf

Jetzt bei www.GRIN.com hochladen und kostenlos publizieren

Ruth Bendig

Qualitätsentwicklung. Ein kontinuierlicher Verbesserungsprozess

Praktische Anwendung in der stationären Altenpflege

GRIN Verlag

Bibliografische Information der Deutschen Nationalbibliothek:

Die Deutsche Bibliothek verzeichnet diese Publikation in der Deutschen National-
bibliografie; detaillierte bibliografische Daten sind im Internet über http://dnb.d-
nb.de/ abrufbar.

Impressum:

Copyright © 2013 GRIN Verlag GmbH
Druck und Bindung: Books on Demand GmbH, Norderstedt Germany
ISBN: 978-3-656-69555-4

Dieses Buch bei GRIN:

http://www.grin.com/de/e-book/276381/qualitaetsentwicklung-ein-kontinuierlicher-
verbesserungsprozess

GRIN - Your knowledge has value

Der GRIN Verlag publiziert seit 1998 wissenschaftliche Arbeiten von Studenten, Hochschullehrern und anderen Akademikern als eBook und gedrucktes Buch. Die Verlagswebsite www.grin.com ist die ideale Plattform zur Veröffentlichung von Hausarbeiten, Abschlussarbeiten, wissenschaftlichen Aufsätzen, Dissertationen und Fachbüchern.

Besuchen Sie uns im Internet:

http://www.grin.com/

http://www.facebook.com/grincom

http://www.twitter.com/grin_com

Wisoak G Kompetenzzentrum Gesundheit

Wirtschafts- und Sozialakademie der Arbeitnehmerkammer Bremen

Weiterbildung zur Fachkraft für Leitungsaufgaben in der Pflege, VA-Nr. 74700H11

Facharbeit FM II: Organisation und Management

Dozent: Herr Gampper

Qualitätsentwicklung –

ein kontinuierlicher Verbesserungsprozess

Praktische Anwendung in der stationären Altenpflege

Eingereicht von:

Ruth Bendig   15. September 2013

Inhaltsverzeichnis

1. Einleitung

Als examinierte Kranken- und Gesundheitspflegerin blicke ich auf viele Jahre Berufser-fahrung in Krankenhäusern und ambulanten Pflegeeinrichtungen zurück. Nach einer längeren Berufspause arbeite ich jetzt seit fast zwei Jahren in einem Altenpflegeheim.

Die Qualität der Patientenversorgung in Krankenhäusern und der Bewohnerversorgung in Altenpflegeheimen hat sich in den vergangenen Jahren größtenteils positiv, vereinzelt aber auch negativ entwickelt. Aufgrund der demographischen Entwicklung gewinnt die Versorgung älterer und kranker Menschen in Zukunft jedoch an Bedeutung.

Gesetzgeber und Krankenkassen fordern ein Qualitätsmanagement in Pflegeeinrichtun-gen, welches bei den Akteuren der Einrichtung häufig mit negativen Gedanken behaftet ist, so dass eine Umsetzung oftmals Schwierigkeiten bereitet. Während meiner Weiter-bildung zur Fachkraft für Leitungsaufgaben in der Pflege ist mir die positive Bedeutung von Qualität und Qualitätsentwicklung bewusst geworden. Gut ausgebildete examinierte Pflegefachkräfte sind prinzipiell in der Lage und auch motiviert, qualitativ hochwertige Arbeit zu leisten. Einen wesentlichen Beitrag dazu muss die Gesundheitspolitik jedoch noch leisten. Das möchte ich nicht unerwähnt lassen. Mein Ansatz ist: es ist bereits jetzt möglich, eine positive Grundhaltung gegenüber Qualitätsverbesserungen im Pflegeall-tag zu etablieren. Hierzu kann ich als FLP mit einfachen Schritten und ausgewählten Methoden beitragen.

Doch wie setze ich das praktisch um in meiner Pflegeeinrichtung? Dieser Frage möchte ich in meiner Facharbeit nachgehen. Dazu werden zu Beginn der Ausarbeitung die not-wendigen Begriffe und Definitionen erklärt sowie die rechtlichen Grundlagen dargelegt. Kapitel 4 befasst sich mit der Vorstellung verschiedener Methoden und Modelle zur Qualitätsverbesserung und deren Funktionsweise. In Kapitel 5 beschreibe ich die prakti-sche Umsetzung einer ausgewählten Qualitätsverbesserungsmaßnahme im Pflegealltag. Hierzu gibt es detaillierte Beispiele und Ausführungen, so dass ein Theorie-Praxis-Transfer möglich ist.

Die in der gesamten Arbeit verwendeten Personen- und Berufsbezeichnungen stehen immer gleichwertig für beide Geschlechter, auch wenn sie nur in einer Form benannt sind.

2. Qualitätsentwicklung und Qualitätsverbesserung

2.1 Was bedeutet Qualität in der Pflege?

Qualität ist ein neutraler Begriff (lat. qualitas): Beschaffenheit, Güte, Wert (Duden Bd.5, 1990), Gesamtheit charakteristischer Eigenschaften einer Sache oder Person (Duden online, 2013). Qualität kann positiv oder negativ sein für den Betrachter. Avedis Donabedian, Prof. für Public Health und Begründer der Qualitätsforschung definiert den Begriff folgendermaßen: "Qualität ist der Grad der Übereinstimmung zwischen Ansprüchen bzw. Erwartungen an ein Produkt und dessen Eigenschaften" (Fröse, 2011:12). Für den Bereich der Pflege schreibt der MDS[1]: "Pflege und Betreuungsleistungen pflegebedürftiger und alter Menschen müssen in einer Qualität erbracht werden, die die Menschenwürde sicherstellt und ein höchstmögliches Maß an Lebensqualität erhält" (Fröse, 2011:12).

2.2 Wofür brauche ich Qualitätsentwicklung und Qualitätsverbesserung?

Pflegeeinrichtungen werben mit Qualitätsberichten, Pflegenoten und Spezialisierungsgebieten um Kunden. Diese Kunden erwarten dementsprechend eine qualitativ hochwertige Pflegeleistung und Versorgung, auch im Verhältnis zum hohen finanziellen Eigenanteil, den sie beitragen. Es ist daher von Bedeutung, gerade unter dem Aspekt der Kundenorientierung und -zufriedenheit, dass eine Weiterentwicklung der Qualität und damit ein kontinuierlicher Verbesserungsprozess (KVP) vor Ort im Pflegeheim statt findet. „Pflegebedürftige haben einen Anspruch auf Pflege, die dem allgemein anerkannten Stand medizinisch-pflegerischer Erkenntnisse entspricht und die ihnen hilft, trotz ihrer Pflegebedürftigkeit ein möglichst selbstständiges und selbst bestimmtes Leben zu führen" (MDS, Pflegequalität: 11.07.2013)

Eine gut ausgebildete Pflegefachkraft möchte qualitativ hochwertige Pflegeleistungen erbringen, damit der Bewohner sich wohl fühlt und zufrieden ist. Dies verlangt aufgrund enger zeitlicher Vorgaben oft eine Art „Spagat" bei der Einteilung von Arbeitsabläufen. Der eigene Qualitätsanspruch bleibt möglicherweise auf der Strecke. Durch eine kontinuierliche Verbesserung von Strukturen und Arbeitsprozessen -oft reichen schon ganz kleine Schritte- kann hier eine höhere Mitarbeiter-, Bewohner- und letztendlich auch Angehörigenzufriedenheit erreicht werden.

---

[1] Medizinischer Dienst des Spitzenverbandes Bund der Krankenkassen e.V.

Mit Müller halte ich fest: „Die Qualität aller Abläufe rückt in den Mittelpunkt des innerbetrieblichen Geschehens. Qualitätsentwicklung und –verbesserung, Qualitätskontrolle und –sicherung brauchen verlässliche interne Strukturen und sind Aufgaben aller Mitarbeiter. Qualitätsmerkmal ist der kontinuierliche Verbesserungsprozess (KVP)" (Müller, 2011:28). Es profitiert jeder davon.

„Der MDS gibt alle drei Jahre einen umfassenden Bericht zur Situation und zur Entwicklung der Pflegequalität bei häuslicher Pflege und in Pflegeheimen ab. Grundlage dieses Berichts sind die Qualitätsprüfungen der Medizinischen Dienste der Krankenversicherung (MDK) in den Ländern, die diese im Auftrag der Pflegekassen durchführen. Am 24. April 2012 hat der MDS den 3. Qualitätsbericht herausgegeben" (MDS, www.mds-ev.de/Qualitaetsbericht des MDS.htm:11.07.2013).

3.   Rechtliche Grundlagen

3.1   Gesetzgebung

„Seit 1995 wird vom Gesetzgeber verlangt, dass Pflegeeinrichtungen ein Qualitätsmanagement einrichten und umsetzen" (Fröse, 2011:14) Von 2002-2008 gab es das Pflegequalitätssicherungsgesetz (§80a SGB XI), welches von der Pflegereform 2008 aufgehoben wurde. Hierfür wurden die §§112 u. 113 im Rahmen des Pflege- und Weiterentwicklungsgesetzes überarbeitet und ergänzt. Alle Regelungen zur Qualitätssicherung sind im Sozialgesetzbuch (SGB XI) im elften Kapitel zu finden. „Die Träger der Pflegeeinrichtungen bleiben, unbeschadet des Sicherstellungsauftrags der Pflegekassen (§ 69), für die Qualität der Leistungen ihrer Einrichtungen einschließlich der Sicherung und Weiterentwicklung der Pflegequalität verantwortlich [..]" (§112, Abs.1 SGB XI Qualitätsverantwortung).

Weitere themenbezogene Paragraphen:

§ 72   SGB XI Zulassung zur Pflege durch Versorgungsvertrag
§ 112   SGB XI Qualitätsverantwortung
§ 113   SGB XI Maßstäbe und Grundsätze zur Sicherung und Weiterentwicklung der Pflegequalität
§ 113a SGB XI Expertenstandards zur Sicherung und Weiterentwicklung der Qualität in der Pflege
§ 113b SGB XI Schiedsstelle Qualitätssicherung
§ 114   SGB XI Qualitätsprüfungen
§ 114a SGB XI Durchführung der Qualitätsprüfungen
§ 115   SGB XI Ergebnisse von Qualitätsprüfungen

3.2 Vorgaben der Kranken- und Pflegekassen

„Um die Qualität der Leistungen zu sichern sind alle Pflegeheime und Pflegedienste zu einem internen Qualitätsmanagement verpflichtet. [..] Einmal im Jahr werden alle ambulanten Pflegedienste und Pflegeheime, die einen Versorgungsvertrag mit den Pflegekassen haben, durch den MDK geprüft (Regelprüfung). Außerdem können auch Prüfungen aus bestimmten Anlässen – dies sind meist Beschwerden – erfolgen (Anlassprüfung)." [..] „Über die Qualitätsprüfung erstellt der MDK einen Prüfbericht, der die Ergebnisse sowie – falls notwendig – Maßnahmen zur Beseitigung von Qualitätsdefiziten enthält. Der Prüfbericht wird innerhalb von drei Wochen an die geprüfte Einrichtung und die Pflegekassen weitergeleitet" (MDS, Pflegequalität, Prüfablauf: 12.07.2013). Die Landesverbände der Pflegekassen erstellen einen Transparenzbericht, in dem das Prüfergebnis in Form von Noten veröffentlicht wird.

3.3 Rechtliche Grundlagen der MDK-Qualitätsprüfungen

„Die Qualitätsprüfungen von Pflegeeinrichtungen finden auf der Grundlage von Regeln statt. Den Rahmen definiert der Gesetzgeber, insbesondere im Sozialgesetzbuch XI. Darüber hinaus werden in Qualitätsvereinbarungen (Maßstäbe und Grundsätze zur Qualität nach § 113 SGB XI) von der Selbstverwaltung Qualitätsanforderungen für die Pflegeeinrichtungen definiert. Konkretisiert werden diese Rahmenbedingungen durch Richtlinien, Verträge, den aktuellen Stand des Wissens sowie die MDK-Anleitung." [..] „In Qualitätsprüfungsrichtlinien (QPR) werden die allgemeinen Rahmenbedingungen für die Qualitätsprüfung festgelegt. Hier ist verpflichtend festgeschrieben, dass die Erhebungsbögen und die MDK-Anleitungen angewendet werden müssen. Außerdem werden die Schritte des Prüfungsprozesses beschrieben, die Anforderungen an die Kooperation mit der Heimaufsicht konkretisiert und Vorgaben für die Anzahl der Versicherten gemacht, die in die Prüfungen einbezogen werden sollen" (MDS, Pflegequalität, Prüfgrundlagen: 12.07.2013).

4. Methoden zur Qualitätsentwicklung und –verbesserung

Nachdem im letzten Kapitel die rechtlichen Grundlagen zur Qualitätsentwicklung beschrieben wurden, möchte ich im Folgenden vier Modelle zur Qualitätsverbesserung vorstellen.

4.1 Modell 1: Der Qualitätszirkel

„Bei einem Qualitätszirkel (QZ) handelt es sich um eine arbeitsbezogene Kleingruppe, die sich regelmäßig in einem festgelegten Zeitrahmen trifft, um Probleme in ihrem Arbeitsbereich zu identifizieren, zu analysieren und zu lösen" (Fröse, 2011: 108). Alle Mitarbeiter einer Einrichtung, unabhängig vom Grad ihrer Qualifikation, können Mitglied im QZ werden. „Dies hat einerseits den Vorteil, dass Erfahrungen aus der Praxis unmittelbar in die Arbeit des QZ einfließen. Andererseits stoßen gefasste Beschlüsse bei der Umsetzung im Arbeitsalltag eher auf Akzeptanz bei den Mitarbeitern, wenn sie sich selbst an der Erarbeitung beteiligt haben. So wird vermieden, dass praxisferne Konzepte `am Grünen Tisch´ entworfen werden, die sich im Pflegealltag nur schwer verwirklichen lassen" (Barth, 2002: 201). Der QZ wird von der Fachkraft für Leitungsaufgaben in der Pflege (FLP) oder dem Qualitätsbeauftragten (QB) ins Leben gerufen und organisiert. Zu jedem neuen speziellen Problem kann sich eine andere Arbeitsgruppe zusammenfinden und Lösungen erarbeiten. Jedes Mitglied ist gleichberechtigt und nimmt freiwillig teil. (vgl. Barth, 2002: 200-201). Die Arbeitsgruppe wählt einen Moderator aus ihrer Mitte aus, der für einen reibungslosen Ablauf sorgt. Dies kann -muss aber nicht- der QB sein. Seine Aufgaben sind: „Schaffung eines innovativen Arbeitsklimas, Strukturierung der Gruppenarbeitsprozesse, Förderung und Organisation des Ablaufs" sowie „Präsentation der Ergebnisse ans Management" [..] „Die Aufgaben und Voraussetzungen der QZ-Teammitglieder sind u. a.: Verbesserungswille, Einbringung des eigenen Wissens, regelmäßige Teilnahme an den QZ-Treffen" (Fröse, 2011:109).

4.2 Modell 2: Der PDCA-Zyklus nach Deming

Ein weiteres Modell zur Qualitätsverbesserung ist der PDCA-Zyklus. Er „[..] ist nach William Edward Deming (1900-1993) benannt, einem amerikanischen Physiker und Statistiker, dessen Wirken maßgeblich den heutigen Stellenwert des Qualitätsmanagements weltweit beeinflusst hat. Deming betonte den ständigen Verbesserungsprozess im Sinne einer kontinuierlichen Verbesserung" (Weigert, 2008:58) und bezeichnet ihn auch als „Problemlösungsprozess". Der PDCA-Zyklus ist ein vier-schrittiges Anwendungs- und Erklärungsmodell und teilt sich auf in die Phasen Plan (Planen), Do (Ausführen), Check (Überprüfen) und Act (Agieren/Verbessern) (vgl. Uhl, 2008:25). Dies sind Aktivitäten in einem Kreislauf, die in einem fortlaufenden Prozess nacheinander durchgeführt werden (siehe Abb. 1).

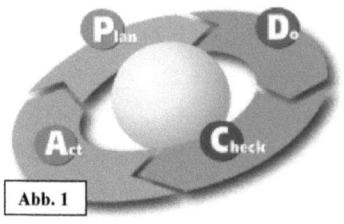

Abb. 1

Plan: Ein Verbesserungsplan mit daraus ablei-
tenden Maßnahmen wird erstellt.

Do: Die geplanten Maßnahmen werden ausge-
führt.

Check: Die Auswirkungen der Maßnahmen
werden auf ihre Wirksamkeit überprüft und
ggf. modifiziert.

Act: Die Maßnahmen werden in der Einrichtung umgesetzt, standardisiert bzw. ange-
passt (vgl. Brunner, 2011:7).

„Dieser PDCA-Zyklus beginnt von neuem, wenn die Umsetzung nicht den angestreb-
ten Erfolg hat oder sich weitere Verbesserungsmöglichkeiten ergeben" (Brunner,
2011:7) „Der kontinuierliche Verbesserungsprozess [..] verfolgt das Ziel, immer wieder
neu definierte kleinere Etappenziele festzulegen und gemeinsam mit den Führungskräf-
ten und Mitarbeitern zu erreichen" (Weigert, 2008: 58).

Mithilfe des PDCA-Zyklus kann ich als FLP und Führungskraft a) Probleme und
Schwachstellen erkennen, b) neue Prozesse einführen und c) Problemlösungsstrategien
systematisch entwickeln (vgl. PDCA Ordner, AOK Verlag, 2012: 1.3.2).

4.3 Modell 3: Langley und Nolan´s "Rapid Cycle"

Gerald Langley, Kevin und Thomas Nolan sind amerikanische Wissenschaftler, For-
scher und Autoren sowie Mitglieder der Vereinigung Associates in Process Improvement (API), deren Ziel die Entwicklung und Umsetzung von Verbesserungsmethoden
hinsichtlich „Wert und Qualität" in vielen Industriezweigen weltweit ist. Sie haben sich
darauf spezialisiert, Unternehmen ein Verbesserungsmanagement anzubieten, welches
in erster Linie schnell und effektiv umgesetzt werden kann (vgl. Langley et al., 2009:
xix). Dies spiegelt sich im Namen des Modells „Rapid cycle improvement" wider.
„Langley und Nolan´s Modell fasst alle Aktivitäten und Konzepte, die zur Verbesserung
benötigt werden, in einem anschaulichen und einfachen Modell zusammen. Es beinhal-
tet drei Fragen und den PDCA-Zyklus und dient dazu, Veränderungen und damit Ver-
besserungen in relativ kurzer Zeit zu erreichen" (Baartmans/Geng, 2006:64). Siehe Abb.
2 (Jaeckels, 2011).

1. Was versuchen wir zu erreichen? (Ziele) 2. Wie wissen wir, dass die Veränderung eine Verbesserung ist? (Messung) 3. Welche Veränderung können wir durchführen, aus der eine Verbesserung resultiert? (Veränderungen)	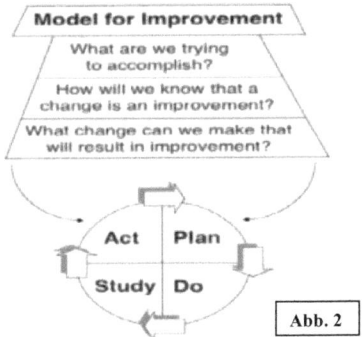

Abb. 2

Nachdem die Fragen 1-3 beantwortet wurden, wird die ausgewählte Veränderung (Antwort Nr. 3) anhand des PDCA-Zyklus (siehe Kapitel 4.2) erarbeitet und umgesetzt. (Anm. zu Abb. 2: PDSA „study" für „check" in "Quality Improvement Strategies".)

4.4 Modell 4: Das BAGE-Modell©

Das BAGE-Modell© wurde 1999 von Paul *Ba*artmans und Veronika *Ge*ng entwickelt und nach mehrjährigen praktischen Erfahrungen in multidisziplinären Qualitätsprojekten, Lehrtätigkeiten und Forschungen im QM[1] überarbeitet und aktualisiert. Es kann sowohl für die Standardisierung als auch für die Optimierung von Arbeitsabläufen verwendet werden (vgl. Baartmans/Geng, 2006:66-67). Bei diesem modifizierten neuen BAGE-Modell© wird der Qualitätsverbesserungsprozess in fünf Arbeitsphasen (Großbereiche) eingeteilt, die wiederum in elf Aktivitäten unterteilt sind.

Arbeitsphasen	Aktivitäten	
Vorbereitung	1.	Themenkatalog
	2.	Themenauswahl
	3.	Arbeitsgruppe
Entwicklung	4.	Anforderungen
	5.	Messinstrument
Überprüfung und Analyse	6.	Nullmessung
	7.	Ergebnisanalyse
Optimierung	8.	Veränderungsplan
	9.	Durchführung
Evaluation	10.	Erneute Messung
	11.	Ergebnisanalyse

---

[1] Qualitätsmanagement

Jede der fünf Arbeitsphasen wird in mehrere Aktivitäten aufgeteilt, die in einem fortlaufenden Prozess je nach Problemstellung und zu behandelnder Thematik unterschiedlich detailliert durchgeführt werden und aufeinander aufbauen (vgl. Baartmans/Geng, 2006:67-87). Aufgrund des enormen Umfangs dieses Modells und der begrenzten Seitenzahl in dieser Facharbeit wird an dieser Stelle auf die detaillierte Erklärung der einzelnen Schritte verzichtet.

Zusammenfassend sei gesagt: Der Einsatz dieses Modells eignet sich für eine Qualitätsverbesserungsmaßnahme, beispielsweise die Entwicklung eines Qualitätsstandards, bei der die Priorität des Themas noch nicht feststeht, das genaue Problem im Vorfeld identifiziert und die Teilnehmer noch ausgewählt werden müssen. Des Weiteren besteht die Möglichkeit, Messinstrumente zur Überprüfung eines bestehenden Standards zu entwickeln und einzusetzen, um den Ist- und Sollzustand herauszuarbeiten sowie einen Veränderungsplan zur Optimierung zu erstellen. Da es den Erfahrungen der Entwickler des BAGE-Modells nach, bei der Umsetzung der Optimierungsphase häufig Schwierigkeiten gab, haben sie an dieser Stelle das Modell von Langley und Nolan in adaptierter Form (FAKTS) integriert. FAKTS bedeutet: Formulieren, Analysieren, Konstruieren, Testen; führt dann ebenso in den PDCA-Zyklus über und endet mit „S" für Standardisieren. „Das FAKTS-Modell eignet sich explizit zur Umsetzungsphase des BAGE-Modells. Es handelt sich dabei um eine systematische Vorgehensweise in Anlehnung an die Qualitätsverbesserungsmethode von Langley et al." (Baartmans/Geng: 2006:88).

5.   Praktische Anwendung der Methoden im stationären Alltag

Nachdem die vier Modelle vorgestellt wurden, möchte ich jetzt deren praktische Umsetzung anhand eines **möglichen** Beispiels beschreiben. Dazu habe ich den Qualitätszirkel sowie den erweiterten PDCA-Zyklus, den „Rapid Cycle" von Langley und Nolan, ausgewählt.

5.1   Zu Modell 1: Der Qualitätszirkel

„Für einen QZ, der erst am Anfang seiner Arbeit steht, ist es ratsam, zuerst die Probleme zu bearbeiten, für die relativ einfach und schnell eine Lösung gefunden werden kann. Die Erfahrungen, die dabei gesammelt werden, sind hilfreich, wenn später komplexere Probleme bearbeitet werden. Zudem ist ein schneller Erfolg sowohl für die Zirkelmitglieder als auch für alle anderen Mitarbeiter der Einrichtung motivierend, die Qualitätszirkelarbeit fortzusetzen" (Barth, 2002: 202).

5.1.1 Auswahl des Themas: Tägliche Dokumentation

Die Fachkraft für Leitungsaufgaben (FLP) terminiert einen Qualitätszirkel zum Thema: „Tägliche Dokumentation". In einer vorangegangenen Besprechung hatten sich 6 Teilnehmer für die Arbeitsgruppe angemeldet. Sie besteht aus der FLP, dem QB (Qualitätsbeauftragten), drei weiteren examinierten Pflegefachkräften (PFK), sowie zwei Pflegehilfskräften (PHK).

5.1.2 Festlegung der Termine und Auswahl des Moderators

Dienstags, 13:30, Dauer 1 – 1 ½ Std. Dienstzeit. Ort: Besprechungsraum. Die Gruppe wählt den QB als Moderator und eine PHK zum Protokollführer.

5.1.3 Aufgaben des Moderators

a) Schaffung einer geeigneten Arbeitsatmosphäre (innovatives Arbeitsklima): Der Raum sollte ein störungsfreies Arbeiten ermöglichen, ausreichend groß sein, mit notwendigen Materialien ausgestattet sein (Flipchart, Pinnwand, Moderationskoffer, etc.).

b) Umgang miteinander: sollte respektvoll erfolgen, wertschätzend, auf Kürze und Prägnanz achtend, Berücksichtigung von Spielregeln (Pünktlichkeit, ausreden lassen etc.)

c) Förderung und Organisation des Ablaufs und Strukturierung der Gruppenarbeitsprozesse (vgl. Loffing, 2005: 61).

5.1.4 Analyse des Problems

Arbeit mit farbigen Moderationskarten an der Pinnwand, z.B. Brainstorming-Methode: Teilnehmer (TN) nennen alles, was ihnen einfällt zum Thema. Positives, Negatives, Neutrales. Es folgt die Sortierung und Auswertung.

Vorliegendes Ergebnis: Sehr hoher Zeitaufwand für die tägliche Dokumentation. Inakzeptabel und entspricht nicht den aktuellen Qualitätsanforderungen.

5.1.5 Erarbeitung von Lösungsstrategien

Erarbeitung verschiedener Problemlösungsstrategien gemeinsam oder in Zweiergruppen. Aufbereitung der Ergebnisse. Lösungsvorschläge:

1) Freizeitausgleich/Auszahlung von Überstunden für korrekte Dokumentation

2) Zusätzliches Personal für Dokumentationen, z.B. Stationssekretärin

3) Umstellung auf ein aktuelleres, weniger zeitaufwändiges Dokumentationssystem, welches den Qualitätsanforderungen entspricht

4) Umstellung auf ein elektronisches bzw. digitales Dokumentationssystem

5.1.6 Präsentation der Ergebnisse

FLP und QB präsentieren die erarbeiteten Ergebnisse der Einrichtungsleitung/Management und unterbreiten einen Lösungsvorschlag. Nach Diskussion und Abstimmung Auswahl der Maßnahme. Auftrag an die FLP zur Umsetzung.

5.1.7 Auswahl und Umsetzung der Qualitätsverbesserung

Im Praxisbeispiel, das **teilweise** an meinem Arbeitsplatz umgesetzt wurde, hat die Einrichtungsleitung aufgrund dieser Ergebnisse neue, den aktuellen Qualitätsanforderungen entsprechende Dokumentationsbögen eingekauft. Diese wurden dann anhand des in Kapitel 4.2 beschriebenen PDCA-Zyklus, einer weiteren Methode der Qualitätsverbesserung, im Unternehmen eingeführt. Einzelheiten zur praktischen Umsetzung folgen im nächsten Kapitel.

Ein wichtiger Punkt bei der Arbeit eines Qualitätszirkels ist die Transparenz: „Die Arbeit eines QZ hat langfristig nur dann Erfolg, wenn sie für alle Mitarbeiter transparent ist und sichtbare Ergebnisse vorweisen kann" (Barth, 2002: 203).

5.2 Zu Modell 2 und 3: Der PDCA-Zyklus und Langley und Nolan´s „Rapid Cycle"

Durch die konstruktive Zusammenarbeit und Kreativität der Mitarbeiter im Qualitätszirkel wurden vier Verbesserungsvorschläge erarbeitet. Die Einrichtungsleitung hat sich für den dritten Vorschlag entschieden und ihn ins Programm aufgenommen. Die neuen und qualitativ besseren Dokumentationsbögen wurden eingekauft und liegen jetzt bereit, um auf allen vier Stationen der Altenpflegeeinrichtung eingeführt zu werden. Dies ist eine Herausforderung für die pflegerische Leitung der Einrichtung, der FLP, ohne ein passendes Konzept. Die FLP und der Qualitätsmanagementbeauftragte setzten sich aus diesem Grund zusammen, besprechen die Vorgehensweise für die Einführung der neuen Dokumente und entscheiden sich für das Modell von Langley und Nolan. Diese Qualitätsverbesserungsmethode wurde von mir als Beispielmodell ausgewählt, da es einfach, anschaulich, zielgerichtet und lösungsorientiert ist.

5.2.1 Ausarbeitung der drei Fragen

Langley und Nolan haben die PDCA Aussagen mit drei Fragen kombiniert, die zuerst bearbeitet werden. Dadurch wird die Idee aktiviert und in die Tat umgesetzt.

Die Festlegung der Ziele erfolgt unter Verwendung der SMART-Formel:

1. Was versuchen wir zu erreichen (Ziele):

SMART-Formel:	
S – spezifisch M – messbar A – attraktiv R – realisierbar T – terminierbar	S – Tagesdokumentation übersichtlich, strukturiert, Wichtiges auf den ersten Blick erkennbar M – Sie soll schneller werden, messbare Zeitersparnis A – Attraktiv für FLP und für alle Mitarbeiter R – Ziel ist realisierbar durch PDCA-Zyklus T – Klare Terminvorgaben, bis wann Ziel erreicht sein muss

2. Wie wissen wir, dass die Veränderung eine Verbesserung ist (Messung)?

Durch Empfehlung und Vergleichswerte anderer Einrichtungen

3. Welche Veränderung können wir durchführen, aus der eine Verbesserung resultiert? Hier die Einführung der neuen Dokumentationsbögen.

5.2.2 Durchführung des PDCA-Zyklus

Nachdem die Antworten vorliegen, wird die ausgewählte Veränderung, im vorliegenden Beispiel die Implementierung der neuen Formulare, anhand des PDCA-Zyklus durchgeführt. Die FLP geht dabei folgendermaßen vor:

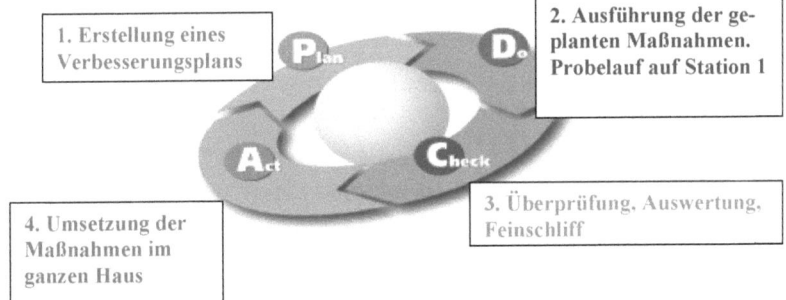

Plan: **Ein Verbesserungsplan mit daraus abgeleiteten Maßnahmen wird erstellt.**

1. Planung einzelner Arbeitsschritte durch die FLP und QB
   - Planung der Projektrunde, Teilnehmerauswahl (z.B. 6 examinierte PFK)

- Festlegung der Tagesordnungspunkte, Einladung zur Projektrunde (Termin festlegen)
2. Projektrunde findet statt
    - Vorstellung der neuen Formulare durch FLP und QB
    - Erklärung anhand eines Beispiels (Bewohner A)
    - Teilnehmer erarbeiten gemeinsam zweites Beispiel (Bewohner B)
    - Auswahl der Probestation: Station 1 (24 Bewohner)
3. Planung und Festlegung des Zeitrahmens und des Umsetzungstermins
    - Arbeit der Projektgruppe 4 Wochen (6 PFK á 4 Akten = 24 Akten)
      = Jede PFK bearbeitet 1 Bewohnerakte pro Woche
    - Zeitrahmen Probelauf: 4 Wochen
    - Zeitrahmen Checkphase: 1 Woche
    - Umsetzung geplant ab 10. Woche (Datum festlegen)
4. Planung der Mitarbeiterinformation
    - Termin, Ansprechpartner, Details

Do: **Ausführung der geplanten Maßnahmen und Probelauf auf Station 1**

1. Information der Mitarbeiter während einer Dienstbesprechung
   (Sofortige Information wichtig zur Vermeidung von Gerüchten)
    - Erklärung der Ziele zur Motivation der Mitarbeiter
    - Bekanntgabe des Ansprechpartners für die Mitarbeiter
2. Projektgruppe bearbeitet die Bewohnerakten der Probestation 1
   während des festgelegten Zeitrahmens von 4 Wochen
3. Probelauf auf Station 1 für 4 Wochen
    - Neue Formulare sind im Einsatz
    - Messung der Dokumentationszeit auf Stat. 1

Check: **Überprüfung, Auswertung, Feinschliff**

1. Überprüfung des Probelaufs durch Projektgruppe (Zeitrahmen 1 Woche)
    - Sind neue Formulare qualitativ besser?
    - Analyse, Auswertung, Ziele erreicht?
    - Zeitgewinn? Struktur? Übersichtlichkeit?
    - Was muss geändert, angepasst werden?
    - Überarbeitung, Feinschliff

Act: **Umsetzung der Maßnahmen im ganzen Haus**

1. Einführung der neuen Formulare auf allen 4 Stationen
    - Information aller Mitarbeiter während DB
    - Bekanntgabe des Beginns, Zeitrahmen der Umsetzung 4 Wochen
2. Unterstützung der Pflegehilfskräfte durch Projektmitarbeiter
    - Bereitstellung von Dienstzeit durch Heimleitung
3. Nach 2 Wochen Zwischengespräch Projektgruppe
4. Nach 4 Wochen Maßnahme beendet
    - Auswertung, Abschlussgespräch

- Gemeinsames Kaffeetrinken, Anerkennung der Mitarbeiter für die
geleistete Arbeit durch Heimleitung, FLP

Nach Beendigung der Act-Phase ist die Durchführung einer Reflexion der gesamten Maßnahme mit den Projektmitarbeitern sinnvoll. Hier ruht möglicherweise weiteres Optimierungspotential, welches die FLP für sich als Führungskraft nutzen kann. Das Ende der Act-Phase ist ebenfalls Ausgangspunkt für einen neuen PDCA-Zyklus. Hier kann die FLP z.b. den zweiten Teil der neuen Formulare einführen und im Haus umsetzen. Im Sinne des KVP können hier immer wieder neu definierte kleine Etappenziele ausgewählt und gemeinsam mit den Mitarbeitern erreicht werden.

5.2.3 Ergebnis und Reflexion der Umsetzung

Während der Projektarbeit in meinem konkreten Praxisbeispiel kristallisierte sich ein ganz erfreulicher Aspekt heraus. Nachdem die Plan-Phase abgeschlossen war und die Do-Phase begonnen hatte, zeigte sich die Projektgruppe so motiviert bei der Erstellung des Pflegeablaufplanes für die ihnen zugeteilten Bewohner, dass die vorgegebene Zeit um fast die Hälfte unterschritten wurde. Dies trug dazu bei, dass einige nicht am Projekt beteiligte Mitarbeiter derart positiv beeinflusst wurden, dass auch ihre Arbeitszufriedenheit stieg. Dennoch fand eine strikte Einhaltung des Zeitplanes statt, damit die Umsetzung strukturiert und nachvollziehbar für alle stattfinden konnte. Der Probelauf auf Station 1 dauerte 4 Wochen, in denen ausschließlich die neuen Formulare verwendet wurden. Hier zeigte sich bereits nach wenigen Tagen Eingewöhnung eine positive Grundstimmung bei den Mitarbeitern der Pflege, die mehr Zeit für die Versorgung der Bewohner zur Verfügung hatten, was sich auch auf deren Angehörige auswirkte, die nachmittags zu Besuch kamen. Die Dokumentationszeit verkürzte sich auf dieser Station um fast 80%. Die Check-Phase verlief entsprechend konstruktiv und es brauchte nur wenige Änderungen in Form von bewohnerbezogenen Daten und Uhrzeiten bei der Pflege vorgenommen werden. Der Beginn der Act-Phase wurde von allen Mitarbeitern begrüßt. Hier war jede PFK und PHK beim Erstellen und Ausfüllen der neuen Formulare für „ihre" eigenen Bewohner zuständig. Dies stellte sich als vorteilhaft heraus, da die Mitarbeiter sie kannten und den Pflegeablauf praktisch auswendig wussten, sodass hier ausschließlich die schriftliche Umsetzung erfolgen musste.

Es gab auch Mitarbeiter, denen das Verschriftlichen ihrer Tätigkeiten nicht zusagte, weil sie einerseits nicht formuliersicher waren, andererseits lieber am Bewohner selbst aktiv waren, z.B. die Grundpflege durchführten. Hier wurde eine gegenseitige Unterstützung vereinbart oder, wenn dies nicht möglich war, die FLP eingeschaltet. Dies ist eine Schwachstelle, die es zu behandeln gilt, um Missgunst zu vermeiden und den veranschlagten Zeitplan nicht zu gefährden. Zum Abschluss der Act-Phase waren die neuen Formulare auf allen Stationen ausgefüllt und im Einsatz. Das Auswertungsgespräch ergab, dass die festgelegten Ziele erreicht wurden. Die tägliche Dokumentationszeit hatte sich um mehr als die Hälfte verkürzt und die Qualität der Dokumentationsformulare entspricht den aktuellen, vom MDK geforderten Qualitätsanforderungen.

6. Zusammenfassung / Fazit

Aus der Veröffentlichung des MDS wissen wir, dass etwa 2,46 Millionen Menschen in Deutschland pflegebedürftig sind und Leistungen von der Pflegeversicherung erhalten (Zahlen für 2011). Davon lebt ein Drittel, das sind ca. 760.000 Menschen, in Pflegeheimen. Sie haben einen Anspruch auf Pflege, die dem allgemein anerkannten Stand medizinisch-pflegerischer Erkenntnisse entspricht und die ihnen hilft, trotz ihrer Pflegebedürftigkeit ein möglichst selbständiges und selbst bestimmtes Leben zu führen. Auf die Qualität der Pflege kommt es deshalb besonders an. Durch das Pflegeversicherungsgesetz ist ein Pflegeheim dazu verpflichtet, sich an Maßnahmen der internen Qualitätssicherung zu beteiligen (SGB XI §72 Abs. 3 u. §112 Abs. 2). Der Medizinische Dienst prüft in regelmäßigen Abständen, ob die Qualitätsanforderungen tatsächlich eingehalten werden (§114). Diese Prüfungen sollen gewährleisten, dass den auf Pflege angewiesenen Menschen ein hohes Maß an Lebensqualität erhalten bleibt (vgl. MDS, Pflegequalität, 27.06.2013).

Im Altenpflegeheim sorgt ein gut organisiertes Qualitätsmanagement dafür, dass die Qualitätsanforderungen umgesetzt werden. Eine speziell ausgebildete Fachkraft wie die FLP ist durch die erlernten Kenntnisse während ihrer Weiterbildung in der Lage, ihren Mitarbeitern die Wichtigkeit und positive Bedeutung von Verbesserungsmaßnahmen in der Pflege zu vermitteln. Sie kennt die in Kapitel drei genannten gesetzlichen Bestimmungen sowie die Vorgaben der Pflegekassen.

Pflegekräfte sind prinzipiell offen für bessere Arbeitsbedingungen und jede Art von Arbeitserleichterungen und daher bereit, an einer Umsetzung mitzuwirken. Dies ist ein Vorteil, den die FLP bei der Einrichtung eines Qualitätszirkels für sich nutzen kann.

14

Hier kann jede Pflegekraft unabhängig vom Grad ihrer Qualifikation aktiv an einer Verbesserungsmaßnahme beteiligt werden und ihre Erfahrungen und Wünsche einbringen. Qualitätszirkelarbeit wirkt sich positiv auf das Betriebsklima aus, weil Qualitätsbewusstsein, Kreativität und Mitbestimmung aller Mitarbeiter gewollt und bewusst gefördert werden. Auf diese Weise kann die in meiner Einleitung erwähnte negative Einstellung zum Thema QM ins Positive umgelenkt werden. Des Weiteren zeigt die in Kapitel 5.3 erklärte praktische Anwendung des „Rapid Cycle" von Langley und Nolan auf, wie die FLP in der stationären Altenpflege mit einfachen Schritten eine Qualitätsverbesserungsmaßnahme, die einmal beschlossen wurde, umsetzen kann. Dieses Modell ist m. E. besonders für den Einstieg in das Qualitätsmanagement geeignet, da die einzelnen Schritte vorgegeben sind und die FLP hier ganz zielgerichtet vorgehen kann. Innerhalb der jeweiligen Phase des Zyklus kann sie selbst den Fortschritt des Projektes beobachten sowie der Heimleitung detailliert Auskunft über den jeweiligen Stand der Umsetzung geben.

In der verwendeten Literatur gab es widersprüchliche Vorschläge zur Ausarbeitung der einzelnen Phasen des PDCA-Zyklus. Hier ist es sicherlich abhängig vom Thema der umzusetzenden Maßnahme, welcher Vorgabe man folgt und welche Aktivitäten passend für die eigene Einrichtung sind. In meiner Facharbeit wird während der Do-Phase ein Probelauf in einem kleinen Rahmen, hier der Probestation, durchgeführt. Dies wurde in der verwendeten Literatur nicht speziell erwähnt. In der Praxis habe ich jedoch erfahren, dass besonders bei der Einführung von neuen Prozessen, hier der Implementierung ganz neuer Dokumente, ein Probelauf sinnvoll und hilfreich ist, da frühzeitige Modifizierungen erhebliche Arbeitserleichterungen mit sich bringen.

Durch eine kontinuierliche Verbesserung von Strukturen und Arbeitsprozessen, oft reichen schon ganz kleine Schritte, kann eine höhere Mitarbeiter-, Bewohner- und letztendlich auch Angehörigenzufriedenheit erreicht werden. Die auf diese Weise erreichte Zunahme an Motivation und Zufriedenheit der Mitarbeiter steigert die Qualität und Leistungsfähigkeit der Einrichtung.

Für mich als zukünftige FLP und für meine weitere Berufspraxis hat die Qualitätsentwicklung durch die Auseinandersetzung mit ihr als Thema in Theorie und Praxis an Bedeutung gewonnen.

Literaturverzeichnis

Baartmans, Paul C.M., Geng, Veronika (2006): Qualität nach Maß: Entwicklung und Implementierung von Qualitätsverbesserungen im Gesundheitswesen. 2. überarbeitete Auflage. Hans Huber Verlag, Hogrefe AG, Bern, Schweiz.

Barth, Myriam (2002): Qualitätsentwicklung und –sicherung in der Altenpflege. 2. Auflage. Urban & Fischer Verlag, München, Jena.

Brunner, Franz J. (2011): Japanische Erfolgskonzepte. 2. überarbeitete Auflage. Carl Hanser Verlag München Wien.

Fröse, Sonja (2011): Was Qualitätsbeauftragte in der Pflege wissen müssen. 2. aktualisierte Auflage. Hannover. Schlütersche Verlagsgesellschaft mbH & Co. KG.

Langley, J. Gerald et al (2009): The Improvement Guide: A Practical Approach to Enhancing Organisational Performance. 2. Edition. Jossey-Bass Verlag, San Francisco, CA. USA

Loffing, Christian (2005): Qualitätszirkel erfolgreich gestalten. 1. Auflage. Pflegemanagement kompakt. W. Kohlhammer GmbH Stuttgart.

MDS: www.mds-ev.de/Qualitaetsbericht des MDS.htm
MDS, Themenfelder, Pflegequalität, Qualitätsberichte des MDS: MDS-Qualitätsberichte informieren über Pflegequalität bundesweit, Absatz 1, 11.07.2013

Müller, Herbert (2011): Arbeitsorganisation in der Altenpflege. Ein Beitrag zur Qualitätsentwicklung und Qualitätssicherung. 4. Auflage. Hannover. Schlütersche Verlagsgesellschaft mbH & Co. KG

PDCA Qualitätsmanagement in der Pflege. AOK Verlag GmbH, 2012, Remagen

SGB XI Soziale Pflegeversicherung (2013), www.sozialgesetzbuch-sgb.de

Uhl, Achim (2008): Qualitätsentwicklung sozialer und gesundheitlicher Dienste für Menschen mit Pflege- und Betreuungsbedarf. Lit Verlag Dr. W. Hopf, Berlin.

Weigert, Johann (2008): Der Weg zum leistungsstarken Qualitätsmanagement. Ein praktischer Leitfaden für die ambulante, teil- und vollstationäre Pflege. 2. aktualisierte Auflage. Schlütersche Verlagsgesellschaft mbH & Co. KG.

Abbildungen:
Abb. 1: http://en.wikipedia.org/wiki/PDCA (Aufruf 29.01.2013)
Abb. 2: Jaeckels, Nancy (2011), Quality Improvement Strategies. Rapid Cycle Improvement. Institut for Clinical Systems Improvement.
http://www.macmhp.org/pdfs/bhdc4.pdf (Aufruf 21.08.2013)